ÉMILE GAIDAN

ÉTUDE SUR LE MOUVEMENT ÉLECTORAL DE 1869

PREMIÈRE PARTIE

« L'abstention est une négation
et nous voulons nous affirmer
par des candidatures nettement
caractérisées. »

(G. CRÉMIEUX).

1869

ÉTUDE

SUR LE

MOUVEMENT ÉLECTORAL

DE 1869

A MARSEILLE

ÉLECTION GAMBETTA

PREMIÈRE PARTIE : *Les préparatifs*
DEUXIÈME PARTIE : *La lutte*
TROISIÈME PARTIE : *Les résultats*

MARSEILLE

Imprimerie CLAPPIER, rue Saint-Ferréol, 27

1869

A Monsieur Levert

Préfet à Marseille

Souvenir très vivant du département de l'Ardèche. A cette époque-là, vous étiez un jeune homme, et j'étais un enfant. L'enfant, grandi, n'a jamais oublié l'homme qui lui ouvrit la voie de la vie.

Marseille, le 10 juin 1869.

EM. GAIDAN.

ÉTUDE

SUR LE

MOUVEMENT ÉLECTORAL DE 1869

A MARSEILLE

ÉLECTION GAMBETTA

LES PRÉPARATIFS

Les élections de 1869 étaient attendues avec plus de curiosité que d'impatience. Le peuple français a même montré une longanimité remarquable, obéissant avec docilité à l'impulsion des gouvernants. Nous aimons nos maîtres plus que nous croyons les aimer. En paroles nous détruisons tout, en réalité nous consolidons autant que possible. Déjà, en 1868 (à peine l'Exposition universelle était-elle fermée), déjà les journaux pensaient au futur combat des élections générales ; on se donnait vaguement cette date là comme but, mais les journaux les plus irrités attendaient patiemment.

A Marseille, le mouvement électoral de 1863 avait donné une efficace leçon aux détenteurs de l'autorité. Ils avaient vu avec horreur tous les anciens partis se liguer contre l'Empire, créer une machine de guerre, connue sous le nom d'Union libérale, et lui adresser, par cet engin, une certaine quantité de députés exigeants, assemblage monstrueux de légitimistes, de constitutionnels, de républicains, unis par leur haine commune et raisonnée.

Les légitimistes, les constitutionnels, les républicains, qui avaient concouru à l'union libérale pensèrent que le peuple tenait encore une des branches du pouvoir. Cette branche c'était le suffrage universel. Ils résolurent de s'y cramponner. Le suffrage universel leur parut un instrument ; il avait servi à donner un maître ; il avait absous un crime ; il fallait maintenant le faire servir au salut des imprudents qui avaient osé absoudre.

Ce fut assurément une première faute que de créer une réunion de suffrages : cela dénaturait le sens du résultat désirable, car, comme dit Jean-Jacques (1) : *quand il se fait des brigues, des associatious partielles aux dépens de la grande, la volonté de chacune de ces associations devient générale par rapport à ses membres et particulière par rapport à l'État, on peut dire alors qu'il n'y a plus autant de volontés que d'hommes, mais seulement autant que d'associations.*

Dans l'Union libérale les uns voulaient le rétablissement de la République de 1848. C'était le petit nombre. Les autres voulaient les constitutions à la mode d'Angleterre ; ils reculaient ainsi de deux pas ; les légitimistes tenaient bon pour Henri V, et retournaient au droit divin, chimère respectable à laquelle il n'est pas sûr qu'ils croient eux-mêmes.

Ces trois partis eurent le triste mérite d'avoir les premiers, dans la nation, donné une direction aux consciences des électeurs. L'invention peut en être attribuée à l'élément jésuitique répandu dans le parti constitutionnel. La propagante fut organisée, ils employèrent leur crédit, leurs journaux, leurs talents, ils réussirent même et par cela précipitèrent

---

(1) *Contrat social.*

les élections dans une voie funeste. La démocratie se laissa prendre à ce mot d'opposition, on flatta ses tendances, on accepta certaines individualités pour en faire passer d'autres. Les vrais républicains furent mécontents, la masse vota, mais l'Union libérale avait appris son secret.

Il faut avouer que l'Union libérale vint bien en son temps, comme toute chose d'ailleurs en ce monde. A cette époque de transition, on trouva un moyen de transition. La génération qui devait se jeter hardiment dans la lutte en était à son premier pas; elle devait subir l'âge et s'en rapporter à l'expérience de' ceux même qui avaient créé le suffrage; ces jeunes gens n'avaient d'ailleurs pas eu le temps de se créer un point d'appui; à peine leurs positions étaient-elles faites, comment pouvaient-ils avoir une conviction? En province même on ignorait généralement tous les commencements de l'Empire. Ils crurent donc faire acte de citoyens en se laissant guider par l'union libérale. C'était peut-être très politique; en réalité l'abstention eût été plus efficace.

Mais nous verrons que, loin de se défaire de cette discipline anti-républicaine, les démocrates imposeront leur joug à ce peuple qu'ils captiveront et aduleront par les mêmes grands mots, par les mêmes promesses. Car c'est le peuple qui forme réellement la force du parti qui sait le mener. C'est lui qu'il faut séduire.

On commença par autoriser les réunions publiques, afin de pouvoir endoctriner les foules, les impressionner ; on fomenta ensuite la création de nouveaux journaux, que l'on se serait empressé de supprimer, s'ils n'avaient pas aidé les projets du gouvernement ou si même ils les avaient dérangés, on s'assura la direction foncière de ces feuilles, tout en leur donnant des allures indépendantes ; n'ayant pas l'initiative du mouvement on voulut le diriger ; n'étant pas masse ou peuple on façonna la pensée du peuple ; pret d'ailleurs à interdire les assemblées et à confisquer les journaux suivant le besoin, car ce serait naïveté que croire en la bonté des régimes despotiques. Le tyran créerait des armes contre lui ! Non. Le gouvernement n'avait pu empêcher les anciens partis d'exister et d'avoir ses journaux ; mais il pouvait empêcher la nouvelle génération de s'allier aux anciens partis ; il pouvait lui promettre un nouveau parti qui ne nuirait pas au gouvernement, pensait-il, mais serait nuisible aux autres. Les journaux préfectoraux étaient délaissés, par cette habitude qu'ont les masses d'aller à l'opposition, habitude qu'elles n'auraient pas si les gouvernements, en France, n'avaient trouvé le secret de choquer une bonne partie de ceux qu'ils gouvernent. Le peuple ne pouvait approuver leur ligne de conduite ; jamais un journal préfectoral n'eut fait prévaloir son candidat. Après avoir prévu de grandes réunions, moyennant certaines formalités, (1) on songea à réglementer les organes de la démocratie. Ce parti démocratique qui fait la force de la nation put donc enfin s'affirmer, sortir de ses langes ; les autres partis furent trop égoïstes pour chercher à lui donner les satisfactions qui lui étaient nécessaires.

À Marseille, depuis le commencement de l'année 1868, paraissait un journal littéraire : le *Peuple*. Il avait succédé à la *Voix du Peuple*, que rédigeaient Royannez et Leballeur-Villiers. *Le Peuple* dut à Royannez et à Leballeur son très-grand succès. Ces deux rédacteurs, patriotes ardents, natures honnêtes, étaient de véritables irréconciliables. On pouvait tout attendre d'eux excepté une trahison. Ni sur l'un ni sur l'autre ne pouvaient rouler les intérêts primordiaux de la nouvelle feuille. On commença par démolir, autour du journal naissant, tous les jour-

---

(1) Voir la loi du 6 juin 1868, à la fin du volume.

naux qui pouvaient lui faire quelque concurrence; on lui prépara les voies, on l'environna de soins. Pour lui faire une place, *la Voix du peuple, l'Echo de Marseille, les Tablettes de Marseille, la République des Lettres* furent impitoyablement tués ou étouffés. Il resta seul, organe futur de la démocratie qu'il devait conduire, elle, ses orateurs, ses administrateurs, dans une voie dont personne encore ne connaît l'issue.

Cependant le journal n'eut pas un grand nombre d'abonnés et il ne vendait pas entièrement les deux mille exemplaires qu'il tirait, au maximum. D'une autre part il avait des frais assez considérables à payer : un rédacteur en chef, des rédacteurs salariés, des ouvriers. Ce n'est certainement pas avec ce qu'elle gagnait que l'on pouvait faire vivre cette feuille et cette bande de gens, et enfin ce n'était pas la fortune particulière de son directeur qui pouvait suffire à tant de frais, car ce directeur, ancien avocat, était notoirement ruiné et les débris de sa fortune avaient été engloutis dans le cautionnement, versé un peu tard, et dans les frais de premier établissement de la nouvelle boutique, à laquelle ne manquèrent ni les procès, ni les tracasseries de toutes sortes.

Quand on veut impartialement connaître qu'elle est l'idée politique qui anime un journal il me semble que la source de l'argent qui le fait vivre est un bon indice. Pendant quelques mois *le Peuple* vécut, payant ses employés et paraissant régulièment. Cependant on comprit dans les bureaux de sa direction que les gens clairvoyants se demanderaient d'où lui venaient ses forces, et il fut décidé que l'on créerait un noyau d'actionnaires, qui, moyennant quelques déboursés, auraient pour but de soutenir l'existence du nouveau journal. Monsieur Borde, conseiller général, sachant très bien que sa candidature serait combattue par *le Peuple*, souscrivit néanmoins dix actions de cinquante francs, soit cinq cents francs pour un archi-millionnaire. En réalité tous ceux qui souscrivirent ainsi ne voulaient pas s'approprier le journal ni rembourser à son directeur les douze ou quinze mille francs qu'il disait avoir déboursés.

Mais les actionnaires qui comprirent cette combinaison y virent avant tout une bonne affaire et ils eurent commercialement raison. Un matériel était prêt, un journal était lancé, les condamnations de la justice ne prévalaient pas contre son existence, on ne leur édmandait à eux que leur nom et une somme insignifiante; de plus ce journal avait une ligne de conduite nouvelle, bien combinée, vraie au point de vue des intérêts matériels des nouvelles générations que représentaient quelques-uns de ces actionnaires; il était assez logique de ne pas tuer cette idée jeune qui paraissait favorable à tous et qui engageait à peine, semblait-il, leurs intérêts particuliers.

Certainement si ces hommes qui fondaient le journal de la démocratie radicale avaient cru faire œuvre anti-patriotique, ils ne l'auraient pas même commencée. Mais de quoi pouvait-on les accuser? De s'unir avec les ennemis du clergé? sans doute; mais eux n'ont jamais pensé être les amis du Césarisme; leur libéralisme n'a jamais pu être mis en en doute, et s'ils devaient nuire à l'idée républicaine, ils ne s'en doutaient certainement pas.

Il importait tout d'abord que le journal fut indépendant et démocratique. Quel crédit eut-il eu si les accusations de favoritisme (qu'on ne lui ménageait pas) pouvaient prévaloir? Pour le parti irréconciliable, se concerter avec le pouvoir, même contre un ennemi commun, le jésuitisme, c'était un crime impardonnable. Ces âmes droites et fortes qui forment le parti républicain, croient vraiment que, sous un régime où la liberté est tempérée par l'ar-

bitraire, un journal peut exister sans le bon vouloir
du maître ! A ceux donc qui demandaient d'où venait
l'argent qui payait tout ce monde là, *le Peuple* ré-
pondait : nous avons trouvé une caution, nous avons
trouvé des actionnaires en nombre suffisant, et, à
moins de les traiter de faux-actionnaires, les purs,
qui n'avaient jamais pu trouver de capitaux,
étaient obligés de baisser la tête et d'avouer que,
les fonds du *Peuple* provenaient d'une source connue, étaient versés par leurs amis même, qui
avaient bien voulu faire pour ce journal ce qui leur
avait été si instamment et si souvent demandé, par
ce même journal, pour le futur *Ami du Peuple*.

Ainsi l'organe de la publicité était prêt, on pouvait répondre à toutes les attaques, mettre à néant
toutes les calomnies qui couraient déjà : la masse ne
demandait pas mieux que de prendre une certaine
quantité de liberté qu'on lui mesurerait adroitement.
Comme le meunier tient en réserve l'eau qui doit
faire tourner la meule, de même l'autorité conte-
nait le peuple pour ouvrir la vanne motrice au moment où il faudrait moudre les élections.

Les réunions populaires étaient un moyen bien
autrement puissant, plus efficace, plus saisissant. On
les organisa de longue main. Il fut d'abord question

(août 1868) d'une ligue de l'enseignement, idée émise en Alsace par l'instituteur J. Macé et ostensiblement patronnée par le Ministre de l'Instruction publique, M. Duruy. Cette ligue de l'enseignement était à la fois anti-cléricale et anti-bourgeoise, du moins telle qu'elle fut présentée à Marseille. Une première séance eut lieu dans un local maçonnique du boulevard du Musée où les souscriptions abondèrent. Une deuxième séance eut lieu dans le local de l'Union des Arts, et il s'y passa une scène de violence (août 1868) qui ne doit pas être oubliée.

Une certaine quantité de gens, que nous verrons reparaître dans toutes les réunions semblables, compagnie effervescente, semblant obéir à un mot d'ordre, fit un tel bruit que rien de ce qui avait été projeté ne put être exécuté. Pourquoi ce tumulte ? Parce que, tout-à-coup, au commencement même de la réunion, des listes imprimées avaient été préparées, lesquelles étaient entièrement contraires à l'esprit qui devait présider à cette réunion populaire. En quoi ces listes étaient-elles contraires ? En ce qu'elles contenaient les noms qu'il fallait ne plus voir portés par la démocratie, celui de M. Bory, celui de M. Clapier, conseiller-général, noms d'ailleurs très recommandables et que les agitateurs n'auraient pas accueillis avec tant d'irrévérence si, derrière ces noms, ils n'avaient entrevu le pâle spectre de l'Union libérale.

En définitive, les émeutiers aboutirent au résultat qu'ils désiraient ; la liste bourgeoise fut abandonnée par le président de Pleuc, harassé de fatigue et de dégoût, et l'Association phocéenne se scinda en deux camps : l'une continua de s'appeler *Ligue phocéenne de l'enseignement ;* ce fut celle qui, dans le *Peuple,* journal littéraire, du 27 juillet 1868, avait été approuvée par le Préfet. L'autre s'appela *Ligue marseillaise de l'enseignement.* Elle se composa de ceux qui ont en horreur l'enseignement clérical, mais qui ne détestent pas moins les menées démagogiques. Cette ligue marseillaise manqua de popularité, sinon d'éclat. Il est vrai que la popularité..... Ses professeurs furent souvent applaudis et tout ce qui pensait libéralement allait entendre M. Thourel ou tout autre orateur. Hélas ! le but que se propose l'association de l'enseignement est plus populaire que ne le fut jamais cette assemblée d'élite, composée de gens déjà parfaitement instruits.

Au contraire, la ligue phocéenne végéta et dut se borner à créer des écoles qui réussirent plus ou moins bien. Ces écoles même se confondirent avec les

écoles francs-maçonniques ; tellement il est vrai que
tout ce qui est contraire à une association immorale
doit être combattu par une autre association immorale ! La franc-maçonnerie est le seul adversaire
sérieux du jésuitisme ; c'est un jésuitisme en sens in-
verse. Les hommes ne savent pas conserver leur
individualité ; par ambition, par crainte, par faiblesse,
par imitation. ils se jettent dans une association ou
dans une autre. Pour lutter efficacement contre
l'esprit jésuitique il faudrait détruire le germe même
de ces unions ; la franc-maçonnerie ne le détruit
pas, elle le combat.

Les deux associations de l'enseignement, séparées
par la violence de quelques énergumènes, se retrou-
vèrent dans les loges maçonniques ; le parti bourgeois
et les fauteurs d'ochlocratie se réuniront toujours
contre la théocratie.

C'est ce qui fera éternellement la force du parti
bourgeois. Démocratique par son origine et par ses
besoins, il ne devient aristocratique que lorsqu'il
pactise avec les prêtres, ces soutiens de l'aristocratie.
Or, la bourgeoisie, ignorante en ce qui ne concerne
pas ses intérêts du moment, n'aime pas la théocratie.
Parce que les prêtres sont les défenseurs des vieux
priviléges et que les bourgeois ont fait la révolution

de 1789. Parce que les prêtres sont nés pour s'immis-
cer dans les affaires des autres, ce que le bourgeois
casanier n'aime guère. Parce que les prêtres parlent
sans cesse de désintéressement et de choses de l'autre monde, ce qui ne peut pas plaire au bourgeois
qui se trouve très heureux dans celui-ci. Enfin, dans
les prêtres les commerçants rusés voient des concur-
rents qui spéculent souvent sur les choses du ciel et
quelquefois sur les denrées de la terre, ce qui gène
souvent les négociants dans leurs idées comme dans
leur négoce.

Pour le parti jésuitique pur c'était un succès que
d'avoir divisé la ligue de l'enseignement, mais dans
tous les journaux libéraux, à quelque nuance qu'ils
appartinssent, dans le *Sémaphore* comme dans le
Peuple, on ne tendit pas à la désunion, attendant
avec patience le moment où les masses votantes,
instruites par les ligues de l'enseignement, vien-
draient donner leur ordre inéluctable.

Mais cette première rencontre entre l'Union libérale et l'Union démocratique eut pour effet funeste
d'éloigner de ces factions tous les hommes trop sou-
cieux de leur tranquillité. Cette poignée de violents
qui avaient agi contre les listes imprimées on ne savait vraiment si leurs vociférations n'amèneraient

pas une collision; vainement Royannez avait tenté de les calmer, rien ne put arrêter leur ligue de tumulte, et c'est à peine si l'orateur qui devait devenir le porte-voix favori de ces masses épurées, Crémieux, put leur jeter quelques paroles. Il est vrai que Crémieux fut menaçant, approuvant en quelque sorte la fureur des factieux par le geste et ne la désapprouvant qu'en paroles. Le bureau était exténué, il était impossible d'arrêter ou de comprendre cette émeute systématique. On ne voulut pas se servir des listes manuscrites qui avaient été préparées rapidement et qu'il eût été bien facile d'opposer aux listes imprimées. Il était décidé que le vote n'aurait pas lieu et il n'eut pas lieu, de par la volonté d'une minorité déraisonnable, mais résolue; infime, mais disciplinée; composée d'hommes parmi lesquels se trouvaient des gens mal notés. Cela éloigna beaucoup de citoyens qui comprirent qu'il n'y avait pas à lutter d'éloquence avec des gens déterminés d'avance à ne pas éclairer la question.

Dans cette séance se trouve le secret de la force et de la faiblesse du vote Gambetta de 1869. Ce fut une combinaison sur les passions de la foule. On a semé du vent, on recueillera des tempêtes. Un orateur qui ne se préoccupe que de plaire aux masses

deviendra un homme très important, mais il aura eu
le tort immense de se laisser mener aveuglément,
comme elles. Il eut été beau de trouver un homme
qui eut osé dire toute la vérité. Celui-là eut été hué,
sifflé, sa voix se serait perdue, il eut peut-être renou-
velé les scènes de désordre qui ont causé la mort du
père Sagnier, à Nimes. Il s'agissait de pousser les
masses, sans les éclairer, il s'agissait de les enlever
à l'Union libérale. Ce qui arriva dans cette première
réunion s'est retrouvé dans presque toutes les réunions nombreuses qui lui succédèrent. Iniques triom-
phes, injustes rigueurs, absence de réflexions,
enthousiasme déraisonnable chez les uns, prémédité
chez les autres.

Le parti démocratique, au nom duquel furent faites
ces démonstrations, vit avec une joie secrète la
consternation des partisans de l'Union libérale. Il
s'attribua naïvement la direction du mouvement. Il
commençait à vaincre, croyait-t-il, mais il ne voyait
pas que ce n'était pas lui qui avait commandé la
manœuvre, puisque Royannez, à la tribune, s'était
étonné des agissements des meneurs.

Cependant ces réunions, apparences de liberté,
allèrent se répétant de plus en plus. L'esprit de
l'Union démocratique était autorisé à se promener

dans la ville et dans les faubourgs ; des orateurs de talents se firent entendre à côté d'hommes du peuple qui dévoilaient franchement leurs espérances et leurs désirs. L'autorité ouvrait la vanne, le flux commençait à passer, la roue de l'élection se mettait en mouvement.

Il y eut d'autres réunions : dans le cercle du Prince Impérial, où Crémieux employa avec succès cette verve poétique qui saisit les cœurs et enivre ceux qui ne cherchent pas à approfondir. Leballeur se fit entendre, mais on affirme qu'il se repentit un instant d'avoir oublié ce jour-là sa réserve habituelle. L'abstention est chose bien difficile ; il faut, pour s'abstenir, une vertu, méprisée de nos jours, l'abnégation patiente.

Il y eut d'autres réunions publiques en septembre et en octobre 1868, à la taverne de Montebello, à la salle d'Apollon, au boulevard Chave, au café de la Rotonde, près du Lazaret, au boulevard Baille, pendant l'hiver. Dans l'une d'elles, un avocat de Paris, André Rousselle, développa une fort belle théorie relative aux associations et aux moyens que la classe ouvrière doit employer pour améliorer sa position ; dans une autre il fut question de statuts d'association, mais d'aucune de ces réunions il ne sortit autre chose que du bruit et des projets irréalisés. Ce que l'on réalisait, c'était la foule accoutumée à entendre certains orateurs, prenant des libertés ; ce que l'on créait, c'était l'Union démocratique, et ce qui est admirable, c'est l'art qui a présidé à la direction de ce mouvement habile, précis, découvert.

Il est bon d'ajouter que le mouvement n'est pas achevé et que ce premier résultat n'est pas la fin de ces libertés accordées. Nous aurons à revenir sur cette terrible idée dans la troisième partie de cette étude.

D'après le *Peuple*, la candidature Gambetta aurait été choisie à cette époque-là. Qui aurait jeté les yeux sur le jeune défenseur du malheureux Delescluze ? Une réunion d'amis, le *Peuple* lui-même, qui se dit l'inventeur de cette candidature ainsi que de l'Union démocratique à Marseille. En quoi le gouvernement reconnaissant lui doit un brevet, que M. le ministre Rouher ne lui refusera pas, j'imagine.

A cette époque-là (décembre 1868), commencèrent à être discutées la valeur du serment et l'idée d'abstention, discussions qui n'étaient pas nouvelles mais qui devenaient plus importantes à l'approche des élections. L'honnête et patriote G. Naquet avait déjà écrit, le 19 septembre 1868, dans le *Peuple*, que, avec l'abstention il n'y avait plus de candidature

possible. Il est vrai : si le parti démocratique républicain s'était abstenu, le silence se faisait, le mouvement manquait, l'affaire prenait une toute autre tour-
nure, peut-être plus mauvaise, peut-être meilleure ;
— vainement Martin Bernard, Barbès, Delescluze,
par leur exemple, faisaient-ils comprendre qu'il y
avait lieu de s'abstenir; — la rage du mouvement
tenait ces hommes qui ont un légitime besoin de vivre ; on trouva de vains prétextes pour autoriser les
parjures, on prouva par $a + b$ que l'abstention
est une trahison.

Jean-Jacques Rousseau, auquel il faut toujours
revenir quand il s'agit d'idées théoriques sur le
gouvernement des peuples, dit que le souverain n'a
ni peut avoir d'intérêt contraire à ceux des particuliers ; « mais, ajoute le philosophe, il n'en est pas
» ainsi des sujets envers le souverain et rien ne
» répondrait de leurs engagements, s'il ne trouvait
» les moyens de s'assurer de leur fidélité.

» En effet, chaque individu peut, comme homme,
» avoir une volonté particulière contraire ou dissem-
» blable à la volonté générale qu'il a comme citoyen.
» Son intérêt particulier peut lui parler tout autre-
» ment que l'intérêt commun ; son existence absolue
» et naturellement indépendante peut lui faire envi-

» sager ce qu'il doit à la cause commune comme une
» contribution gratuite, dont la perte serait moins
» nuisible aux autres que le paiement n'en serait
» onéreux pour lui, et regardant la personne morale
» qui constitue l'Etat, comme un être de raison,
» parce que ce n'est pas un homme, il jouirait des
» droits du citoyen sans vouloir remplir les devoirs
» du sujet : injustice dont le progrès causerait la
» ruine du corps politique. » J.-J. ROUSSEAU, *Contrat social,* liv, I, ch. VII. *du Souverain.*

Et Jean-Jacques ajoute : « On le forcera d'être
libre. » Voilà l'abstention nettement condamnée,
semble-t-il. Mais un citoyen contraint votera-t-il
pour un candidat ostensiblement officiel ? Non, il
recherchera le candidat le plus ennemi du pouvoir.
Le principal pour le gouvernement c'est que l'on
vote d'abord, quant au choix du candidat, c'est
l'affaire des préfets et des adversaires du pouvoir.
Dans son raisonnement, Jean-Jacques se place dans
l'hypothèse du souverain parfait, qui ne veut nuire
et n'a nui sciemment à aucun de ses membres, et il
faut l'avouer, nous ne pouvons pas, nous n'avons pas
mérité avoir un souverain parfait. Il a une personne, un individu, non exempt de passions humaines.

Ce sont ces passions du peuple et du souverain qui ont été admirablement en jeu pour produire à Marseille le résultat que vous savez. Les uns n'ont pu pardonner ni le coup d'état, ni les déportations. Hommes de cœur et de sang. ils ont pour les vices et les vicieux des haines d'Alceste; ces hommes vigoureux donnent la vie à une nation. Ils la sauvent ou la perdent, suivant la direction.

« L'abstention cause la ruine du corps politique. » C'est un mal, lorsque le corps politique est bon. Mais que voulait le parti républicain pur? Qu'a-t-il toujours voulu, sinon la ruine d'un corps politique qu'il juge mauvais, nuisible à la majorité? Si donc les républicains avaient été conséquents, ils se seraient enfin abstenus de mordre à l'appât que César tendait à leur désir d'action, d'agitation. Ils ne l'ont pas fait, leur vie à fait vivre le corps politique. César le sentait bien lorsqu'il fesait rentrer les déportés. Victor Hugo comprend bien, au contraire, quel admirable exemple il donne à ces aveugles qui ne le voient pas, lui soleil de la démocratie, sur son rocher de Jersey! Ah! les vrais républicains le voient et l'aiment! Ils sont rares. Surtout ne confondons pas les républicains avec les démocrates agitateurs. Mieux eut valu, pour la cause sainte, s'immobiliser impassible et laisser le gouvernement s'embarrasser dans tous ses candidats plus ou moins officiels ! ses candidats les plus officiels eussent été les plus exigeants, ils n'auraient pas donné au Corps législatif la vie que lui donneront les hommes nouveaux.

Lorsque le vent souffle, qu'importe qu'il vienne en sens contraire. Le gouvernail rectifie le vent, le navire se meut et fait péniblement route vers son but. Le navire, c'est l'Empire; le but, c'est l'enrégimentation générale. Ah! il eût mieux valu qu'un grand calme naquit, et pendant que le navire stationnaire eût usé ses vivres et son temps, le Capitaine, en présence d'un équipage assombri, eût peut-être compris qu'il s'était trompé de route, ayant à la fois contre lui les hommes et les choses.

Mais l'esprit de parti, d'ambition, de vanité, de passions s'en mêla; l'idée d'abstention fut rejetée, tout parjure fut absous d'avance et le mois d'avril arriva au milieu de ces diverses préoccupations.

Fin de la Première Partie.

MARSEILLE. — IMPRIMERIE CLAPPIER, RUE SAINT-FERRÉOL, 27.

ÉMILE GAIDAN

ÉTUDE

SUR LE

MOUVEMENT ÉLECTORAL

DE 1869

A MARSEILLE

ÉLECTION GAMBETTA

DEUXIÈME P

« On ... s... que sur ce
qui rési... e. » ...DRIEUX.

Prix de la Livraison : **30** centimes

ÉTUDE

SUR LE

MOUVEMENT ÉLECTORAL DE 1869

A MARSEILLE

====

ÉLECTION GAMBETTA

LA LUTTE

Si l'on peut ne pas donner au gouvernement la blanche robe de l'innocence, on ne peut lui refuser l'habileté et la mise en œuvre de tous les moyens dont il dispose. Ayant toutes les forces en mains, il a parfaitement su s'en servir pour la lutte présente. Sa tactique fut très habile, très claire : il jouait à jeu presque découvert : c'est justement ce qui a dérouté toutes les suppositions. Quel était le point

important pour l'Empire? Avoir choisi lui-même
toute la Chambre qui devait composer le Corps-
Législatif, acceptant d'ailleurs d'avance, en gouvernement démocratique, toute opposition Jémocrati-
que, heureux même de cette opposition qui soutient
un gouvernement mille fois mieux que les meilleures
armées. Armée de l'intelligence, il fallait seulement
que l'on ne la recrutât pas parmi ceux dont le but
est parfaitement déterminé et qui connaissent déjà
quelle est l'individualité qu'ils placeraient sur le
trône de France, si jamais ils en disposaient.

Par bonheur pour les choses de notre société, elles
se passent encore dans une certaine clarté, et le jésuitisme n'a pas tellement prévalu que les partis soient
confus et ignorés. Le gouvernement pouvait donc
connaître son véritable ennemi, et détruire l'effet de
ses manœuvres ; c'était sur tels individus que devaient porter les coups : c'était ceux-là qu'il fallait
ne pas laisser parler, ne pas laisser agir. Par suite,
il pouvait opposer à l'opposition la plus menaçante
telle autre opposition d'une nuance moins fixe, plus
assimilable.

De tous les partis, celui que la forme impériale

croit lui être le plus sympathique, c'est le parti de
la démocratie. L'Empire n'est-il pas issu de la démocratie ? Un pour tous, tous pour un, telle est la
devise de tout césarisme, issu de la démocratie.
L'Empereur n'est-il pas l'élu de la majorité ? Et
pourquoi la démocratie se serait-elle retirée de celui
qu'elle a acclamé en 1852 ? Il est vrai, il y a, entre
cette première acclamation et le temps présent, la
guerre du Mexique, les déprédations des favoris et
quelques petites infamies par-ci par-là; mais le chef
de l'État n'est vraiment pas responsable de ces
dernières, et quant aux premières, ne sont-elles pas
suffisamment compensées par la gloire de Sébastopol,
de Solférino et par dix-sept années de tranquillité
et de prospérité générales ? On ne pouvait donc avoir
pour ennemis que les vieux partis, éternels convoi-
teurs du trône de France, qu'ils avaient si maladroi-
tement abandonné. A Marseille, ces partis étaient
représentés par deux noms redoutables : Sauvaire
de Barthélemy, Thiers. Quel nom opposerait-on à
des hommes si justement populaires ?

Pendant longtemps, personne ne le sut et le gouvernement, semble-t-il, moins que personne. Aussi,

à ce sujet, le *Peuple* se livre à des plaisanteries fort piquantes vraiment et dictées par un esprit de clairvoyance au moins extraordinaire. Avec une connaissance admirable des embarras préfectoraux , ce journal présente M. Levert à la recherche d'un candidat officiel ; et, dans un article très-sérieux, sous sa forme plaisante, on peut lire ces mots qui précisent admirablement bien la situation : « Candidat officiel impossible, gouvernement très démonétisé, démagogues remuants, appuyés par libéraux dégrisés. Hommes d'église exigeants, etc. » Signé : Levert.

Ce journal, qui avait ces petites privautés avec le plus terrible pouvoir du départemnnt, revient sans cesse sur cette idée. C'est Dubois et son coup de pied à la Majesté déguisée.

Donc, au commencement d'avril 1869, le candidat officiel n'était presque pas trouvé ; mais le candidat de l'opposition était connu, parfaitement connu, connu depuis la mort de l'illustre Berryer, que le gouvernement ne songea pas même à remplacer. Pour l'embryon radical, ce fut une occasion excellente de s'affirmer, en décembre 1868, par le nom de Gambetta. Ce même Gambetta, fœtus du *Peuple*, présenté aux électeurs par un groupe choisi (présentation de laquelle Bouchet se défendit), était décidément le député qui devait faire échec au gouvernement personnel ; Gambetta existait, il avait harangué ses électeurs avant que son adversaire fut définitivement trouvé : c'est peut-être la seule faute que le gouvernement ait faite en cette occasion. Ainsi, ce candidat, planté par le *Peuple*, arrosé minutieusement par lui et par le groupe naissant du radicalisme. prenait racine et grandissait, tandis que le député officiel de Marseille n'était connu que pour être berné par le *Peuple !*

En effet, ce même journal, parfaitement renseigné, indique, dans la même date, la candidature de M. de Lesseps, et c'est M. Bernex qui le premier est censé proposer ce grand nom aux autorités du pays. Si chaque député officiel avait donné tant de peines au Gouvernement français il est probable que les préfets seraient déjà lassés de l'officialité. M. de Lesseps ne se décidait pas. Il faut un exprès du ministre ou peut-être même de l'Empereur pour aller trouver ce candidat rebelle jusqu'au milieu des déserts de l'Isthme de Suez, où il était, dit-on, préoccupé fort peu du rôle important qu'il allait jouer dans les élections de Marseille. Enfin, à force de supplications, il se décide à partir pour Marseille, et, le 1er mai 1869, il arrive, couronné par le *Petit Marseillais* de la couronne douloureuse de candidat officiellement officiel.

Car c'était le *Petit Marseillais* qui s'était voué à cette œuvre patriotique. Le *Phare de Marseille* était-il jugé insuffisant pour cette tâche? M. de Lesseps, qui avait créé cette feuille, lui aurait-il recommandé de ne pas lui être trop utile? Le *Petit Marseillais* avait arboré hautement le drapeau de l'officialité, il n'y était plus question que de l'Isthme de Suez, et M. Roux, le rédacteur officiel, y mettait un zèle et un courage dignes d'un meilleur sort. A vrai dire cet écrivain dépassait toujours le but : en cela peut-être avait-il beaucoup de talent.

Eh bien ! pour qui voudra impartialement juger ce mouvement, M. de Lesseps était le candidat le plus sympathique à la bourgeoisie marseillaise. Il ne lui a manqué que le titre de candidat de l'opposition. Si les choses politiques ne se compliquaient

d'un élément de trouble, de discorde, de despotisme,
M. de Lesseps eut été nommé. Ce nom populaire a
résisté aux attaques de la *Gazette du Midi* et aux
louanges de M. Roux, du *Petit Marseillais* : on ne
peut faire un plus grand éloge de M. de Lesseps.

Lui, une fois son rôle accepté, se mit à le suivre
avec sa persévérance et sa droiture bien connues;
écoutant avec condescendance, ne brusquant rien,
autant que possible, et tâchant de faire comprendre
ce qu'il lui était bien difficile de dire. Les affiches
étaient apposées, les professions de foi allaient leur
train, le nom de Lesseps commençait a être lu à
côté de celui de M. Gambetta, déjà triomphant de
par la démocratie.

Or, au commencement d'avril, que fesait M. Gambetta? Défendu par le *Peuple* contre le *Phare de
Marseille*, qui se contentait de l'appeler l'enfant terrible de la politique, Gambetta s'était engagé de
plus en plus avec ses électeurs, promettant au
comité démocratique toutes les libertés et commen-
çant lui-même par en prendre autant qu'il voulait.
Ce n'est pas pour lui que l'empire est une tyrannie,
assurément; si Delescluze peut s'en plaindre, Gam-

betta n'a qu'à s'en louer. Etranges équilibres! Ses
discours étaient d'une véhémence inouïe, un art
admirable les recouvrait, la voix puissante du tribun
aimé émouvait aisément une foule toute disposée à
applaudir. « Quel *oratur*, il m'a *souvenu* Mirabeau!»
fait dire plaisamment le journal *Paris* à un Marseillais de Paris.

Les plaisanteries anodines répétées par le *Phare*
indiquent que la candidature Gambetta ne lui paraissait pas la plus redoutable, sinon la plus hostile.
Ce n'est pas contre Gambetta que s'est évertuée la
feuille du candidat officiellement officiel. Elle n'avait
pas reconnu un ennemi dans l'ami de M. Schneider,
président du Corps législatif. Mais, au contraire,
une lutte ardente s'est élevée entre cette feuille, la
Gazette du Midi et le *Sémaphore*. De telle sorte
que le combat s'est ainsi divisé : d'une part la
Gazette du Midi, le *Sémaphore* portant chacun
leur candidat et se refusant à l'Union libérale, division très significative sur laquelle nous aurons occasion de revenir; d'une autre part le *Phare de
Marseille,* le *Peuple* et le *Petit Marseillais,* sou-
tenant leur candidat, ne se piquant que de temps

en temps, et, à part d'amères accusations de véna-
lité entre ces deux derniers, s'accordant admirablement contre la *Gazette du Midi* et le *Sémaphore*.

M. Sauvaire de Barthélemy, M. Thiers d'un côté,
MM. de Lesseps, Gambetta de l'autre ; tels étaient
les champions. Le terrain était d'ailleurs parfaitement préparé ; Royannez avait été embarqué,
expédié sur l'Espagne par les soins obligeants de ses
bons camarades les démocrates du *Peuple*. G. Naquet
était en prison depuis le **12** avril, et ce sincère
patriote y était entré en jetant les hauts cris ; l'Union
libérale était divisée en légitimistes et constitutionnels, les réunions démocratiques étaient toutes à
l'avantage du candidat radical, car tout candidat de
l'opposition y trouvait procès-verbaux, questions,
dégoûts, humiliations, froideur, déboire : pour lui
les assistants se changeaient en juges d'instruction.
Et quels juges ! Ainsi arriva-t-il pour Marie, le **11**
mai 1869. Une troupe, cohorte effervescente, ac-
complit pour lui la besogne accoutumée. Il y eut
pour lui une organisation de tapage. S'il ne parla
point, cette fois du moins ce ne fut pas par sa faute.

Les mêmes ovations que le tribun Gambetta avait

reçues et fit cesser, que le proscrit Esquiros essuya, M. de Lesseps dût les subir à son tour et il se forma, à cette époque là, à Marseille, une série de petites émeutes qui semblaient indiquer le réveil de l'esprit patriotique. Mais à côté de ces banales manifestations, des délégations ouvrières se dirigeaient vers le candidat de Lesseps, lui exprimaient leur profonde admiration en ce qui touche l'Egypte et leur complet éloignement en ce qui concerne Marseille, sa candidature et le Préfet.

Il fallait en finir avec ces alternatives d'ovations et de compliments aigrefins. Aussi, le 5 mai 1869, M de Lesseps se rendit à la réunion formée à la salle Montebello. Il y était attendu. Il y fut reçu comme il en avait le droit. Il y a des heures où les agitateurs savent se calmer. Du reste on ne lui ménagea ni les questions ni les indiscrétions. Le patriote ne connait pas les mesquineries que le monde appelle convenances. Crémieux lui dit avec beaucoup de tact et de raison que le percement de l'isthme de Suez n'étant pas encore achevé, cette lettre de change tirée sur l'avenir n'était pas échue : il fallait du moins attendre son échéance. Ces paroles furent un éclair dans la nuit, elles brillèrent pour tout laisser dans l'ombre ; un instant on entrevit la sombre histoire de l'Isthme. M. de Lesseps, considérablement affecté de tant. d'interpellations, sommé de faire savoir s'il dépendait de la Préfecture : je m'en f... ! répondit-il.

Parole mémorable et vraie. Oui, plus que tout autre M. de Lesseps était indépendant. Oui, M. de Lesseps (à part la forme par trop démocratique de son expression), avait dit la vérité. Mais de qui, de quoi se moquait-il ? Non pas de la Préfecture, mais de l'emploi de député. Voilà ce qui lui était souverainement. indifférent ; voilà le sens réel de son apostrophe. Et ce mot lui couta son élection. Que lui importait ? Travailleur dirigeant des intérêts plus scabreux et bien autrement importants que ceux qu'on lui offrait, il se serait vu interpellé à la chambre sur son œuvre mystérieuse. Il avait assez d'interpellation. Cette parole fut interprêtée de mille manières diverses. En réalité il fallait s'en tenir au sens strict ; —il n'y avait là ni plan concerté d'avance ni dissimulation. M. de Lesseps avait dit la vérité ; mais, en 1869, on ne croyait plus à la vérité dite par un puissant.

Cette séance de la salle Montebello fut suivie d'une séance tout aussi importante, donnée par M. Gambetta à la salle du Palais-Lyrique. Le succès de l'orateur bien connu de M. Schneider, président du Corps législatif, y fut immense. Le courageux orateur se déroba à la foule qui, au lieu du candidat de son choix, trouva M. Levert et M. de Lesseps, venus dans un but de piquante curiosité. La foule, fidèle à ses traditions, fut étonnante : elle osa huer un préfet, plus habile qu'elle, mais qui n'avait peut-être pas prévu le cas, elle entonna le *de profundis*. Cette scène incompréhensible ne cessa, dit-on, que grâce à l'intervention de la police. M. de Lesseps venu de Suez pour une place de député recevait les huées des électeurs de Marseille! Il est bien difficile de rattacher ce mouvement de population à une idée politique : on craint d'être dans un mauvais rêve quand la logique présente à l'esprit ses impassibles résultats. Tant de perfidie de la part des hommes déconcerte l'historien. La *Gazette du Midi* réprouve énergiquement ces faits, le *Peuple* glisse sur les détails, et ajoute même que rien ne s'est passé; — c'est Falstaff devant la reine et le poëte Shakspeare, dans l'opéra-comique

le Songe d'une nuit d'été. Mais, par une juste com-
pensation, la foule donnait à Gambetta l'obéissance
et le respect qu'elle refusait à son premier magistrat,
elle se taisait sur la seule invitation de son futur
député.

Cependant les candidats de l'opposition se divi-
saient de plus en plus, aidant ainsi admirablement
la cause radicale, mais affirmant nettement leur
tendance et se dégageant des nuages d'une union,
chose d'autant plus confuse que les membres divers
sont plus nombreux. Ce n'est pas un mince avantage ;
il prime même la victoire de l'Union radicale.
En cela l'Union libérale a fait un pas, elle a indiqué
ses croyances, elle a personnalisé ses espérances,
tandis que le magma radical reste à l'état de masse
incolore, n'ayant que le reflet rouge que lui donneront
toujours les imitateurs des grands révolutionnaires.
Masses moutonnières, ambitieux mesquins qu'il faut
diriger, mais qui choisissent toujours pour directeurs
ceux qui les flattent d'une main tout en les châtiant
de l'autre.

Ces humiliations subies par le candidat officiel ont
été les mêmes pour tous, sauf pour l'heureux

M. Bournat. Tous les officiels ont eu à côté d'eux
un candidat démocratique, un indépendant, un candidat de l'opposition. M. de Lesseps avait à côté de
lui Gambetta, l'opposition était représentée par
M. Thiers ; M. Rougemont était flanqué de M. Esquiros, lequel voyait graviter autour de lui M. Borde.
Quant à M. Bournat, la candidature Bremond, satellite de l'opposition, s'était retirée. Cette candidature
Bournat devait être heureuse. *Sic fata voluere.*

A quoi aboutissent ces petites candidatures dites
indépendantes ? Leur rôle peut s'expliquer. Ils dimi-
nuaient d'abord de quelques voix la force de l'opposition libérale, qu'il fallait briser. Cette division
faite, ils reportaient leurs voix, — sur qui ? Sur l'un
ou l'autre des candidats officiel ou démocratique
radical ; mais sur le démocratique libéral, jamais.
Voilà jusqu'où pouvait aller leur indépendance. Ce
sont les grandes utilités de cette comédie étonnante
dont nous étudions le mouvement.

M. Borde, l'un de ces satellites complaisants, —
complice de la démocratie radicale, démocrate radical
le 13 mai, démocrate libéral le 29 du même mois, —
donne ses voix à Esquiros. Les eût-il données à un

Marie? Ce même ingénieur civil, candidat démocratique libéral, conseiller général, actionnaire du
journal le *Peuple*, demande en grâce à ses électeurs
de ne pas voter pour le candidat officiel ; ce que
demande aussi M. Marie, homme d'un caractère
entièrement opposé à celui de M. Borde. Du reste,
M. Borde, l'ami d'Esquiros, est dévoué à l'Empereur,
le *Petit Marseillais* l'affirme, le prouve, et, en présence de ce terrible fonctionnaire, le même *Petit
Marseillais* s'écrie, souriant : « L'année prochaine,
» M. Borde ne sera pas conseiller général, là! »

Quant au satellite Bremond, son influence fut
inutile, à cause de l'immobilité de J. Favre. Le candidat officiel était bien M. Bournat, le candidat de
l'opposition ne fit pas grande opposition. Mais, au cas
échéant, Bremond, le lilliputien, eut lutté contre le
géant J. Favre, et, dans ce conflit étonnant, c'est
encore le lilliputien qui eut triomphé pour le
compte de Bournat ; parce que l'ardeur radicale
s'en serait mêlée, — aurait tout embrouillé pour
donner gain de cause à l'administration souriante
et sifflée.

Après la séance du 10 mai, l'élection Gambetta

était assurée. Tous les partis avaient travaillé pour
elle. Gambetta affirme toutes les tergiversations des
autres partis, c'est une élection bâtarde née des fran-
chises d'un jour. Le comité de l'Union démocratique
a compris comment on mène les foules.

Marie et Thiers attaqués par les mêmes machi-
nations, recommandèrent hautement de ne pas voter
pour le candidat officiel. Cri sublime, parole de
liberté opprimée que la foule ne pouvait comprendre,
car le pouvoir avait tout autorisé pour l'entrainer,
empêché tout ce qui aurait pu l'éclairer.

Un punch fut offert à M. Gambetta par les étudiants
de Marseille ; il y prononça cinq discours et s'y fati-
gua assez pour être définitivement malade. C'était le
jour de l'élection, le dimanche. Les bureaux s'emplissaient d'une foule de citoyens venant apporter
leur bulletin de vote. On n'avait rien négligé pour
que nul ne s'abstint ; quelques erreurs s'étaient glis-
sées dans les inscriptions des électeurs et dans les dis-
tributions des cartes, erreurs qui ne pourront jamais
former un moyen d'opposition au vote, attendu que
la vérification des travaux de classement des élec-

teurs est chose facile à contrôler et à faire. Ceux qui votèrent n'oublièrent pas les recommandations des députés de l'opposition, et ils votèrent fermement, en leur âme et conscience, contre le candidat officiel.

Pour ces votants, le candidat officiel était l'ennemi de la démocratie; le démocrate Gambetta représentait pour eux l'opposition la plus radicale. S'il arrive un jour à M. Gambetta d'être délaissé pour un candidat nouveau, il recommandera à ses électeurs ingrats de ne pas voter pour le candidat officiel, et c'est tout ce qu'il pourra faire.

Cependant les urnes électorales s'emplissaient de bulletins; les citoyens démocrates radicaux, méfiants à l'excès, eurent la pensée d'environner l'urne de leur corps. On se contenta de verser à pleins flots la cire à cacheter sur ces urnes électorales... Cette œuvre de méfiance excita la colère des journaux de la préfecture. Ce n'est pas ainsi que l'Empire joue, et les journaux de la préfecture avaient raison. Le lendemain le vote était proclamé ; sur 30,862 inscrits, M. Gambetta, au premier tour, avait obtenu 8,663 voix. Il y avait 10,908 voix pour l'abstention.

Par ce premier tour de scrutin la majorité était

acquise à l'abstention, au doute, à l'indécision. Sur qui se seraient portées ces voix ? Et pourquoi tant de gens se sont-ils abstenus ? Parce que leur délicatesse flairait quelque machination qu'ils ne comprenaient pas et que rien ne venait les éclairer dans leur doute. Les hommes sont très difficiles à gouverner, il faut un grand art, de profondes combinaisons pour les conduire. Que ceux qui se méfient s'abstiennent, rien de plus juste ; mais leur devoir est de tâcher de comprendre entièrement en s'entourant de tous les renseignements propres à s'éclairer. Ce n'est pas un journal qui les éclairera, car un journal a une passion qui l'aveugle ; ce ne sont pas les réunions, parce que ces réunions sont commandées et que l'on n'y peut entendre que de téméraires ambitieux, instruments inconscients du pouvoir ; le seul moyen de combattre l'abstention, c'est de s'en servir provisoirement pour méditer sans haine et sans passion. Un écrivain libre, dans une phrase, peut toucher en nous la fibre d'où dépend la connaissance des évènements que nous ne comprenions pas. C'est pourquoi c'est un devoir de penser et d'écrire. Quand nous avons compris, une joie immense nous saisit, et, appréciant les hommes et les choses, nous sommes prêts à retourner au combat, non en aveugle, mais en homme qui sait où vont porter ses coups.

Le gouvernement a fait une œuvre habile, mais jésuitique et, par suite, mauvaise. Il a fait servir la lumière à éblouir, non à éclairer. Son droit était de combattre ses ennemis, mais non d'abuser ses sujets. Il a usé de toutes les faiblesses humaines, — fasse le génie de la France qu'il n'en ait pas abusé !

Thiers et Sauvaire, relégués par les votes des 23 et 24 mai, se désistèrent en faveur du candidat non-officiel, mais non de tel ou tel individu. Les noms ne furent pas prononcés. M. de Lesseps continua courageusement jusqu'au bout sa mission que la masse ne put pas comprendre. Il avait accepté la chance très probable d'un échec, il le reçut en bon serviteur. M. de Lesseps a bien mérité de l'Empereur ; le promoteur de l'isthme de Suez est capable de tout, même d'achever son canal. M. Gambetta ne bougea plus jusqu'aux 6 et 7 juin. Il se fit un grand silence dans Marseille, chacun réfléchissait, — les républicains lisaient avec étonnement le nom de Marat uni à celui de César par l'homme de leur choix, Gambetta, — de nouvelles opinions prenaient naissance.

Le 5 juin une réunion devait avoir lieu dans la salle Montebello; on ne savait ce qui s'y serait passé; mais quelque chose était dans l'air; la lumière allait peut-être venir dans cette réunion *in extremis*. Les groupes étaient prêts, on allait discuter de nouveau.

Un acte préfectoral empêcha ces réunions d'avoir lieu, et ainsi l'élection Gambetta fut immédiatement précédée par une mesure énergique et répressive. C'était d'un mauvais augure.

Gambetta fut nommé par...	12,869	voix
M. de Lesseps obtint..........	5,061	»
Total...........	17,930	voix.

Le nombre des votants, au premier tour, avait été de 19,954; l'abstention s'était accrue de 1,923 voix.

Le nombre des électeurs inscrits est de 30,862.

24 Mai	Voix obtenues :		Votants :
PREMIER TOUR DE SCRUTIN	MM. Thiers...... Sauvaire... Gambetta.. de Lesseps.	3,582 3,074 8,663 4,534	19,853
Électeurs non votants ou bulletins nuls..			11,009
Total des électeurs inscrits......			30,862

6 et 7 Juin	Voix obtenues :	Votants :

DEUXIÈME . TOUR DE SCRUTIN

MM. Gambetta.. 12,869 \
de Lesseps. 5,061 } 17,930

Abstentions en plus.... 1,923

Non votants et abstentions........... 19,853

Nous voyons par là que l'abstention s'est accrue de 1,923 voix.

Or, M. de Lesseps a gagné 527 voix entre le premier et le second tour de scrutin ; 4,206 voix sont échues à Gambetta : cela donne une somme de 4,733 qui, jointe aux abstentions, forme le total de l'opposition primordiale : 6,656 voix.

Les voix non employées forment un total de 11,009 + 1,923 = 12,932, chiffre supérieur de 63 voix au chiffre total obtenu par M. Gambetta. C'est donc le silence qui est victorieux, silence d'absents, de soldats (1), de sceptiques, d'abstentionnistes.

La différence entre M. de Lesseps et M. Gambetta, au deuxième tour de scrutin, est de 7808 voix. Au premier tour la différence entre l'opposition entière et M. de Lesseps était de 15,319 — 4,534 = 10,785 voix. Au deuxième tour l'écart entre l'opposition votante et M. de Lesseps étant de 7,808, la différence

(1) Voir à l'Index, 3ᵐᵉ partie : *Camo*.

définitive entre les deux votes d'opposition et du gouvernement est de 2,977 voix.

Le nombre 10,585, différence entre l'opposition totale au premier tour de scrutin et la candidature impériale, — diminué du nombre 7,808 qui représente l'écart au second tour de scrutin entre l'opposition et M. de Lesseps devient le nombre 2,977. Ce qui signifie qu'il y a eu moins d'opposition effective pour le candidat impérial au deuxième tour de scrutin, puisqu'alors l'opposition effective se composait seulement de 12,869 voix, — soit une différence de 2,450 avec l'opposition du premier tour de scrutin (15319).

Influence de l'évêque.

Ce chiffre de 2,977, différence entre l'opposition de l'union démocratique (en y comprenant Gambetta), et le vote de Lesseps représente donc

la première opposition totale $= 15,319$
diminuée de la deuxième $= 12,869$ (vote Gambetta)
_____
2,450

augmenté des voix acquises au gouvernement au deuxième tour de scrutin 527
_____
Total comme dessus 2,977

Il est assez inféressant, pour déduire quelques conséquences certaines, de chercher d'où peuvent venir ces 527 voix sympathiques au candidat que Marseille n'a pas cru devoir adopter.

Sauvaire avait 3,074 voix (premier tour).

On a constaté 1,923 abstentions (deuxième tour).

Il y a donc 1,151 voix Sauvaire, moins 527 (que je suppose acquises à M. de Lesseps), soit 624 voix Sauvaire qui sont acquises à Gambetta.

Or, ces 624 Sauvaire, ajoutés aux 3,582 voix de M. Thiers, donnent un total de 4,106 voix; et ce total combiné au nombre 8663, représentant les voix appartenant à M. Gambetta dès le premier tour, font 12,869, total représentant les voix définitivement acquises à M. Gambetta. Les 527 voix ont donc été données à M. de Lesseps par Mgr Place, évêque.

Il résulte de là, en outre, que les voix qui ont formé l'abstention se composent de voix qui voulaient M. Sauvaire de Barthélemy. Ceux-là sont les douteurs, les raisonneurs : chose étrange ! c'est dans le camp des prétendues traditions chrétiennes que je trouve le doute ! Oui, et en même temps l'abstention qui le rectifie. Mais que ne s'abstiennent-ils toujours !

Cette abstention là est raisonnée, tandis que l'autre, celle qui provient de la différence entre les électeurs inscrits et les votants est, une abstention vague, indéfinie, bourgeoise et casanière. Quant aux 527 voix qui ont passé à M. de Lesseps, elles sont, je le répète, un effet direct de la lettre de Mgr l'Évêque, écrite pour contrebalancer la circulaire muette de M. Sauvaire de Barthélemy. Ces chiffres indiquent en outre que, dans le camp dont M. Sauvaire était le drapeau, les deux tiers (1923) sont des irréconciliables et un sixième environ (527) préfère le gouvernement actuel à la démocratie radicale ; l'autre sixième (624) a suivi la tradition de 1863. Il ne me semble pas que l'on puisse tirer de conséquence plus directe de ces chiffres.

Ceux qui se sont abstenus ont trahi la cause de l'Union libérale qui leur ordonnait de joindre leurs voix à celles du candidat de l'opposition. Ils n'ont pas vu en M. Gambetta un candidat de l'opposition. Ceux-là sont les plus utiles ennemis du gouvernement, ils ne se sont pas laissé emporter par les passions tumultueuses, ils ont froidement réfléchi.

Ce sont les Jésuites (1). Il y a une force immense, admirable dans leur raisonnement ; mais ce sont les Jésuites ; leur discipline, qui fait leur force, fait aussi leur discrédit. Le républicain voit en eux une armée.

Les électeurs de M. Thiers ont continué la tradition de l'Union libérale, sans plus approfondir. Les premiers, les 1923 + 624 Sauvaire, ont été logiques ; certains d'un résultat contraire à leur désir, ils ont préféré tromper qu'être trompés ; les seconds n'ont voulu voir que la forme du vote, — moins profondément logiques, plus malléables, ils ont suivi obstinément leur système d'Union libérale, certains que le peuple ne peut pas se tromper. *Voluntas populi, voluntas Dei*. Malheureusement un système poursuivi peut ne prouver que de la constance, et il y a des moments où la constance devient de l'entêtement ou de l'apprivoisement. Les électeurs de M. Thiers ont accru singulièrement la force du vote Gambetta ; ils ont mis le succès hors de discussion : mais enlevez à

_____

(1) On a prétendu que le P. Tissié avait ouvertement voté pour Gambetta. Le public comprendra très bien que, du moment qu'un Jésuite montre le bulletin qu'il met dans l'urne, c'est une preuve qu'il mettra l'autre ou qu'il n'en mettra pas du tout.

Gambetta 3582 voix, reportez-les sur M. de Lesseps,
le candidat radical sera presque balancé. Or il n'était
pas impolitique que les conservateurs du *Sémaphore*
acceptassent M. de Lesseps ; M. de Lesseps, au
deuxième tour de scrutin se trouvait ainsi en posses-
sion de 3,582 + 527 + 4534 = 8,641 voix. Il fallait
bien peu de chose pour balancer le succès. Il fallait
les 624 voix Sauvaire, qui ont manœuvré aussi
aveuglément que possible. Mais M. Thiers avait dit :
« Ne votez pas pour le candidatofficiel, » et les électeurs de l'opposition ne se sont pas opposés à cet
ordre. Nous sommes nés pour obéir à tout le monde
excepté à nous-mêmes.

FIN DE LA DEUXIÈME PARTIE.

MARSEILLE. — IMPRIMERIE CLAPPIER, RUE SAINT-FERRÉOL, 27.

www.ingramcontent.com/pod-product-compliance
Lightning Source LLC
Chambersburg PA
CBHW032309210326
41520CB00047B/2389